나는 20대로

돌아가지 않겠다

나는 20대로 돌아가지 않겠다
후회 없었던 나의 20대를 보내며

초판 1쇄 발행 2025년 1월 17일

지은이 손수민
펴낸이 장길수
펴낸곳 지식과감성#
출판등록 제2012-000081호

교정 김지원
디자인 강샛별
편집 강샛별
검수 이주희, 이현
마케팅 김윤길, 정은혜

주소 서울시 금천구 벚꽃로298 대륭포스트타워6차 1212호
전화 070-4651-3730~4
팩스 070-4325-7006
이메일 ksbookup@naver.com
홈페이지 www.knsbookup.com

ISBN 979-11-392-2356-9(03810)
값 9,900원

- 이 책의 판권은 지은이에게 있습니다.
- 이 책 내용의 전부 또는 일부를 재사용하려면 반드시 지은이의 서면 동의를 받아야 합니다.
- 잘못된 책은 구입하신 곳에서 바꾸어 드립니다.

지식과감성#
홈페이지 바로가기

나는 20대로
돌아가지 않겠다

손수민 에세이

후회 없었던

나의 20대를 보내며

지식과감정

차례

프롤로그 ··· 6

제1장 20대, 나를 소개하자면 ··· 9
제2장 20대, 나에게 '창작'이란 ··· 21
제3장 20대, 나에게 '스무 살'이란 ··· 29
제4장 20대, 나에게 '여행'이란 ··· 37
제5장 20대, 나에게 '외로움'이란 ··· 43
제6장 20대, 나에게 '사랑'이란 ··· 51
제7장 20대, 나에게 '일'이란 ··· 59
제8장 20대, 나에게 '이별'이란 ··· 71
제9장 20대, 나에게 '사색'이란 ··· 77

에필로그 ··· 83

프롤로그

20대.
#청춘 #젊음 #생기 #꿈 #돌아가고싶은시간

20대라는 나이, 대부분의 사람들이 꿈과 청춘이 드리웠던 그 시절로 돌아가고 싶어 한다. 그때의 자유로운 에너지, 끝없는 가능성, 실패도 경험으로 느껴졌던 그 시절. 나 역시 그때를 지나왔지만 나는 그때로 다시는 돌아가고 싶지 않다.

사람들이 흔히 말하는 '20대로 돌아가게 된다면'이라는 개념에 대해서도 나는 크게 공감하지 못한다. 그때로 돌아간다면 더 많은 것을 경험해 볼 수 있다거나, 더 많은 기회를 잡을 수 있다거나 하는 말은 나에게 해당되지 않을 것이다. 나는 20대라는 시간을 너무나 치열하게, 후회 없이 보냈기 때문이다.

그 후회 없는 시간들이 나를 만들어 갔다. 후회가 없다면 돌아가고 싶은 마음도 들지 않는다. 사람들은 종종 과

거를 돌아보며 '더 잘할 수 있었을 텐데'라는 생각을 하지만, 나는 그런 생각을 해 본 적이 없다. 그 당시의 나는 내가 할 수 있는 최선을 다했고, 그만큼의 결과를 얻었다. 내가 어떤 결정을 내렸든, 그 시점에서 나는 그 선택이 옳다고 믿었고, 그 결과가 어떻게 나왔든 그것을 받아들이고 성장의 밑거름으로 삼았다.

 너무 많고 많은 일들이 있었고, 외롭고 고통스러운 날들도 있었지만 나는 이제 후회가 없다. 그렇게 몸부림치며 살아왔던 20대를 벗어났기에.

 그래서 나는 20대로 돌아가지 않겠다.

제1장

20대, 나를 소개하자면

'나'라는 사람을 한마디로 정의 내리기는 어렵다.

  정말 딱 한 가지의 단어로만 나를 소개해야 된다면, 고민 없이 '뮤지컬'이라 말하고 싶다. 나는 '뮤지컬'이라는 장르에서 일을 하고 있는 사람이고, 또 그 안에서 다양한 직업을 가진 사람이기 때문이다.

  가령, 사람들이 나를 부를 때 그게 가장 크게 와닿는데, '작가님, 연출님, 대표님, 감독님, 피디님' 등 다양한 호칭으로 나를 부르는 것이다. 즉, 나는 '뮤지컬'이라는 장르에서 다양한 포지션의 직업을 수행하고 있는 사람이다.

세상에는 한 가지 일을 평생 하는 사람도 있고 여러 가지 일을 경험하며 살아가는 사람도 있지만, 나는 후자에 속하는 사람이라고 말할 수 있다. 다양한 직업을 가진 사람이라고 하면 한 가지 일에 집중하지 못하고 여러 가지 일을 마구잡이로 수행하는 사람이라고 생각할 수 있겠지만, 나는 내가 걸어온 여러 직업의 길이 단순히 우연히 겹친 것이 아니라 그 모두가 '나'라는 사람을 정의하는 중요한 부분이 되었고 토대가 되는 일이었다고 생각한다.

즉, 뮤지컬과 관련된 다양한 일을 해 왔지만, 그 모든 일이 결국 나의 성장과 확신으로 이어졌다는 것이다.

왜 그렇게 많은 포지션을 하게 되었냐고 묻는다면, 글쎄. 왜인지 모르게 살아가다 보니 다양한 일을 하게 된 것 같다.

처음으로 가지게 된 직업은 '배우'였다. '배우'로 짧게나마 활동을 하면서 느꼈던 점은, 불균등한 네트워크가 존재하며, 창작자나 배우가 대우받지 못하는 환경이 생각보다 많다는 점이다. 그래서 나는 '배우'라는 직업을 내려놓고, 배우들과 창작진이 대우받으며 일할 수 있는 일터를 만들고 싶다는 생각이 우선이 되었던 것 같다.

그 생각은 나의 인생에 작은 전환점이 되어 '공연 제작사'를 만들자는 자그마한 꿈이 생겼고, 바로 그 꿈을 실천하기 위해 사업자등록증을 개설하러 세무서로 향했다. 그리고 곧바로 대본을 쓰기 위해 여러 창작과 관련된 아카데미를 알아보았다.

대본부터 쓰려고 했던 이유는, 작품이 있어야 단체가 운영될 수 있을 거라고 판단이 들었기 때문이다. 물론 다른 외주 작가에게 맡길 수도 있었지만, 그때의 내 판단으로는 내가 온전히 대본을 쓸 수 있고, 작품을 직접 만들어 나갈 수 있어야 기초적인 시작 단계부터 사고가 나지 않고 무난하게 단체를 운영할 수 있을 거라는 확신이 있었던 것 같다.

그렇게 2018년, 동업을 시작할 사람과 함께 사업자등록증을 내고 글을 쓰기 시작했다. 그 후로 다양한 지원사업에 제출도 해 보고 선정도 되면서 나는 '대표'이자 '작가'라는 직업이 생기게 되었다.

그 후, 실질적인 공연 제작에 들어갔다. 지금 생각해 보면, 문화/예술 사업과 공연 제작에 대해서 아무것도 몰랐지만, 열정 하나만으로 다양한 포털 사이트에서 검색을 해 가며 사업계획서나 지원서를 써 내려갔던 것 같다.

밤 12시, 새벽 2시, 새벽 4시. 어떨 땐 밤을 새우는 일도 많았다. 그렇게 계속해서 흘러가는 나만의 시간들이 내가 그토록 원했던, 내가 추구하는 방향성의 단체를 생성할 수 있었고, 나만의 공연을 만들 수 있는 틀을 잡아줬던 것 같다.

하지만 문제는 그때부터 시작이었다. 공연의 연출을 찾아야 했다. 하지만 마음 맞는 유능한 연출을 구하기에는 다소 시간이 걸렸고, 여러 연출을 만나 봐도 나와 마음이 맞는 사람을 찾기란 꽤 힘이 들었다.

그때 또다시 들었던 나의 판단은, 가장 신뢰할 수 있는 '나'에게 나의 작품을 맡기자는 것이었다. 잘 모르는 분야라서 겁은 났지만 무작정 연출과 관련된 다양한 책을 읽었고 실제로 연출님들이 진행하는 공연 리허설에 참관하며 제작 현장을 계속해서 공부하였다. 그 후로 나는 나의 작품에 연출을 도맡아서 진행했고, 그렇게 나는 '연출'이라는 다음 직업을 가지게 되었다.

공식적인 첫 연출작 뮤지컬 <생텍쥐페리> 공연 실황 中

 이렇게 나는 '작가', '연출', '대표'라는 타이틀을 달고 약 10여 편의 작품을 생성하고 실연했다. 아무것도 모르는 22살~26살의 나이에 꽤나 다양한 사업을 진행하며 여러 사람들을 만나 왔다. 그중 버거웠던 점은, 나의 '어린 나이'였다.

 혹여나 사람들이 내가 나이가 어리다고 해서 무시하지는 않을까, 잘 모른다고 생각하지는 않을까 하는 걱정이 들면서 나는 나의 '어린 나이'에 대한 부끄러움이나 자격지심이 있었고, 스스로 '어른'인 척하며 사람들을 만났다. 그래서 20대의 나는 언제나 흐트러지지 않은 '정장'을 입은 모습이었다.

하지만 아무리 '어른'인 척해도 어린 건 어렸던 거다. 나조차도 모르게 욕심을 부리며 무작정 일만 벌였던 나는 정신없이 하루하루를 보내며 계속해서 피폐해지고 있었다. 그리고 계속해서 '완벽함'을 추구하며 내가 나를 괴롭혔고, 나는 점차 일에 대한 긍정적인 기운보다는, 강박증과 집착이 커져만 갔다.

27살. 나는 잠깐의 휴식을 위해 '연출'이나 '작가'를 잠시 내려 두고 뮤지컬 작품 제작에만 몰두했다. 그리고 대구에서 서울로 거처를 옮기게 되면서 '뉴트리아트(NTA)컴퍼니'라는 새로운 사업체를 설립하였고, 뮤지컬 〈브람스(BRAHMS)〉라는 작품을 만들게 되었다.

뮤지컬 <브람스> 공연 실황 中

뮤지컬 〈브람스〉는 나의 인생에 전환점이 된 작품인데, 처음으로 나는 '프로듀서'라는 또 다른 역할을 이름에 걸고, 제작에만 몰두했던 것 같다. 이 작품으로 인해 나는 한 번 더 성장할 수 있는 계기가 되었고, 많은 것들을 얻을 수 있는 과정이 되었다.

그때부터 순수 창작 뮤지컬 제작에 집중하기 시작했다. 창작이나 연출의 영역과 더불어 제작까지 동시에 진행했던 내가 제작만 맡으니 수월한 점도 있었지만, 또 막중한 책임감을 느낄 수 있던 시간이었다. 그 역변의 시기가 지금의 온전한 나를 만들어 줬던 것 같다.

나는 현재도 뮤지컬 제작을 하며 살아가고 있다. '뮤지컬'이라는 장르가 때로는 나에게 벅차기도 하고 애증이 되는 단어이기도 하지만, 나는 여전히 '뮤지컬'을 사랑하고, 좋아하고 있다.

그래서 지금의 나는 내가 하는 일에 대해 확신을 가지고 있다. 그 확신은 우연히 얻어진 것이 아니다. 그동안 겪어 온 다양한 경험이 나를 이끌어 주었고, 나는 그 경험 속에서 '진짜 내가 원하는 것'과 '나의 가치'를 찾을 수 있었다.

한 가지의 직업만으로는 나에게 온전하게 맞는 일을 찾을 수 없었다. 그래서 나는 내 삶의 방향을 하나의 직업으로 국한하지 않고, 다양한 분야를 경험하며 내가 진정으로 하고 싶은 일을 찾았고, 그 일을 하는 지금이 너무나 만족스럽다.

그리고 전에도 이와 같은 글을 썼지만 나는 나의 일을 사랑한다. 그 일들이 때때로 어려움과 도전으로 가득 차 있더라도, 그 일에서 얻는 성취감과 만족감은 그 어떤 것보다 값지다. 나에게는 여러 직업이 주는 다채로운 의미와 가치가 있다. 하나의 직업에 집중하는 것이 아니라, 다양한 일을 하면서 그 과정 속에서 나를 발견하고, 나의 가능성을 확장해 나갔다.

그래서 지금 나는 내 직업에 대해 확신을 가지고 있다. 나는 내가 하는 일을 통해 나만의 길을 만들어 가고 있으며, 그 길이 어디로 어떻게 이어질지에 대해서도 두려움 없이 나아가고 있다.

나는 '뮤지컬'과 관련된 여러 가지 일을 하며 내가 진정으로 원하는 것과 나의 가치를 알게 되었고, 그것이 바로 내가 지금 이 순간에 확신을 가지며 나아갈 수 있는 원동력이 되어 가고 있다.

뮤지컬 <월계서림> 장면 中

 이렇듯 나의 20대는 다양한 직업을 가진 채로 나이에 맞는 캐주얼한 옷차림이 아닌, 정장으로 가득한 인생을 살아왔다. 그리고 나는 '철없는 20대의 손수민'이라는 이미지를 버리고, 외면적으로 언제나 성숙한 어른인 척 치장하며 20대를 보내 왔다. 그래서 20대의 나는 언제나 30대가 되고 싶었고, 이제야 내가 그토록 바라던 30대의 모습에 들어선다.

 그리고 지금 그 20대의 마지막에 서 있다. 20대의 나는 다양한 경험 속에서 자신을 찾고, 자신이 하는 일에 대해 확신을 가질 수 있는 값진 경험을 했었다. 그리고 30대에 들어설 나는 그 확신을 넘어서 분명히 더 나은 미래를 그리고, 만들어 나갈 것이다.

제2장

20대, 나에게 '창작'이란

   나에게 창작이란 나의 '내면'과도 같다.

   나는 뮤지컬 극작을 하면서, 내가 쓴 대본 속에 내 감정과 삶을 스며들게 하였다. 의도한 건 아니지만, 무의식적으로 대본 속에 나의 삶을 담아 왔던 것 같다. 즉, 글 속에 나 자신을 투영하고 있었던 것이다.

   각기 다른 작가들이 대본을 쓰며 자신의 삶과 작품을 분리하고 객관적으로 대본을 바라보고 있을 테지만, 나는 언제나 대본이 나의 삶 속에 일부분처럼 느껴졌다. 그래서 나는 그 속에서 나의 내면을 끊임없이 들여다봤던 것 같다.

지금 생각해 보면, 그 역할을 내가 공감하기 위해서, 그리고 그 상황에 대한 이야기를 공감하기 위해서 대본 속에 나의 삶을 대입하려고 했던 것 같기도 하다. 작가로서는 부끄러운 이야기일 수 있지만, 그렇게 해야만 나는 그들의 감정을 온전히 느낄 수 있었고, 그들이 마주하는 세상을 진심으로 이해할 수 있었다.

그래서 내가 울적해지거나 슬픈 시기를 겪을 때쯤이면 그러한 대본이 나왔고, 내가 순수한 시절에 쓴 대본에서는 명랑하고 순수한 기운이 묻어 나왔다.

그 자리로 돌아가 말해 줄 거야
사실은 미안했다고 사랑했다고
그 자리에 혹시라도 아직 기다려 주고 있다면
발에쌀 거야 미안하나고 사랑한다고

생텍쥐페리와 어린왕자. 가만히 사막을 바라본다.

생텍쥐페리   사막이 아름다웠던 이유..
어린왕자   어딘가에 숨은 우물의 존재
생텍쥐페리   하늘이 아름다운 이유.
어린왕자   어딘가에 반짝이는 별의 존재.
생텍쥐페리   그 꽃이 아름다웠던 이유는..
어린왕자   그 꽃을 사랑하는 네가 있기 때문이야.

뮤지컬 <생텍쥐페리> 대본 中

내가 겪은 감정의 변화는 자연스럽게 내 창작에 영향을 미쳤다. 때로는 나의 깊은 내면에서 나오는 슬픔과 고

통이 대본에 그대로 담겼고, 그때마다 나는 그 고통을 대면하며 글을 썼다. 그 고통을 어떻게든 이겨 내려는 듯이, 글 속에서 새로운 희망을 찾으려 했다. 그리고 다시, 내가 행복하거나 순수한 시기를 겪을 때는, 그런 긍정적인 에너지가 대본에 담겨서 그 이야기가 사람들에게 전달되길 바랐다.

내 창작의 본질은 내가 지나온 삶의 반영이고, 그 안에서 나는 계속해서 나 자신을 마주하며 성장해 왔다. 그리고 내가 쓴 글로 내가 치유도 받으며, 한 걸음 더 나아가기 위해 계속해서 창작을 이어 나갔다. 그래서 나에게 있어서 창작이라는 과정은 단 한 번도 쉬운 적이 없었고, 감정의 소용돌이 속에서 내가 나와 싸우는 과정이었다.

```
클라라    ...요하네스.

브람스    역시.. 정말 아름다운 연주네요. 그 곡이.. 연주회의 마지막 곡이 되겠죠?

클라라    제 남은 인생을 함께 할 곡이니까요.

브람스    ...(긴 사이) 그동안... 감사했어요. 클라라.

클라라    ..기다렸어요. 그 말을.

브람스    ...

클라라, 천천히 자리에서 일어나 브람스에게 다가간다.

클라라    외로운 연주가 아닌.. 요하네스만의 온전한 음악을 듣고 싶었거든요.

브람스, 조용히 클라라를 바라본다.

            No19. 그 길의 끝 (클라라/브람스)

                    [클라라]
            당신의 음악을 들으며 위로와 위안을 얻었죠

                    [브람스]
            당신의 음악이 있어서 나의 선율을 그려냈죠
```

```
막스      ..덧없이 흘러가는 가을의 여울진 길목에서 클링거 씨에게. 이 편지가..

막스, 브람스   당신에게 보내는 마지막 편지가 될 겁니다.

브람스    아마 당신이 이 편지를 보고 있을 때쯤이면.. 저의 마지막 연주회는 끝이 났겠군요.

막스, 브람스가 악보를 들어 보인다.

브람스    그 연주회의 마지막 곡을.. 한 편의 그림으로 남겨졌으면 합니다.
          누구나 해석되고 싶지 않은 자신만의 작품은 존재할 테니까요.
          하지만.. 클링거 씨. 이것만큼은 확신합니다.

막스      ...

브람스    나에게 주어진 삶에서 믿음, 소망, 사랑. 이 세 가지는 항상 있을 것인데.

막스, 브람스   그 중에 제일은.. 사랑일 겁니다.

'Brahms 네 개의 마지막 엄숙한 노래 멜로디와 함께
막스 클링거는 붓을 들어 그림을 그리기 시작한다.
영상 in 무대에 브람스의 기억을 더듬는 영상들이 보여진다.
```

뮤지컬 <브람스> 대본 中

 그리고 나의 공연을 보러 와 주는 관객들. 그들에게 나의 이야기가 어떤 영향을 미칠지, 그들이 어떤 감정을 느

낄지, 나는 그 생각을 끊임없이 되새기며 창작을 해 왔다. 내 글과 무대는 단순히 나의 내면을 담아낸 결과물일 뿐만 아니라 관객들이 그것을 어떻게 받아들일지에 대한 깊은 고민을 포함하고 있다. 또 공연을 만드는 과정에서 내가 가장 염두에 두는 것은, 그들이 내 이야기를 통해 무엇을 느끼고, 그들의 삶에 어떤 흔적을 남길 수 있을지에 대한 질문을 담는 것이다.

내 이야기가 누군가에게 위로가 되고, 공감이 될 수 있다는 생각은 나에게는 큰 힘이 되었다. 내가 겪은 내면의 갈등과 감정을 창작을 통해 풀어 내면서 나는 나와 같은 감정을 느끼는 사람들과 함께 연결될 수 있었다.

이제 나에게 '창작'이란 나만의 내면을 비추는 거울이자 다른 사람들과의 교감을 위한 창문이 되었다. 창작은 나의 깊은 내면을 이해할 수 있는 연결고리이며, 동시에 나 자신이 하고 싶은 이야기를 담고 있는 거울이며, 나를 치유하는 과정이자, 나와 타인을 연결하는 중요한 도구이다.

> 잠깐의 침묵이 심판장에 맴돈다.
>
> 카인 ...센테. 그렇다면 센테는.. 어디로 간 거죠?
>
> 판사 ..(사이) ..또 다른 이름으로..
>
> *판사, 천천히 고개를 돌리자 센테의 길이 조명으로 비춰진다.*
> *센테는 계속해서 길을 걷는다. 세 사람, 센테를 바라본다.*
>
> 센테 (미소 지으며) 또 다른 이름으로.. 살아갈 거예요.
>   무엇보다 '선'한 사람이 될 수 있도록 말이지요.
>
> 리안 ...그곳에서는.. 행복할 수 있을까요.
>
> 센테 글쎄요. 선하게 살아가도, 악하게 살아가도..
>   행복하지 않다면 무엇이 행복일까요.
>
> 마푸 ..그녀가 정의내리는 '선'은 무엇인가요.
>
> 센테 (천천히 모두를 바라보며) 세상 그 누구도.. 자기 자신까지도
>   파멸하게 버려두지 않는 것. 세상 그 누구나 자기 자신까지도
>   행복으로 채워주는 것.

뮤지컬 <센테> 대본 中

　지금은 '창작'이라는 과정을 잠시 쉬면서 작품 제작에만 몰두하고 있지만, 언젠가 다시 '창작'을 하게 된다면 '다시 시작'이라는 느낌보다는 '새롭게 시작'이라고 부르며, 한층 더 성숙해진 모습으로 관객들을 만나 보고 싶다.

제3장

20대, 나에게 '스무 살'이란

20살, 혼자 오키나와 여행을 떠났었다.

약 2박 3일의 짧은 일정으로, 매우 즉흥적으로 비행기 표를 예매했다. 그리고 곧장 계획을 세웠다. 지금 생각해 보면, 20살이라는 어린 나이에 홀로 떠나는 해외여행을 허락해 주신 부모님께 감사한 것 같다.

여행을 시작하고, 내가 느꼈던 감정은 여러 가지가 있 었다. 그중 대표적인 3가지만 추려 보자면,

1. 말을 하루 종일 못 한 것 같은데… 좀 심심하다.
2. 남 눈치 볼 필요 없어서 좋다.

3. 혼자 여행하는 것도 나쁘지 않다.

결론적으로 이야기할 상대가 없으니 여행이 조금 무료하거나 심심하긴 했지만, 혼자 하는 여행도 그 나름 즐거웠다는 것이다.

그 이후로 나는 21살, 22살까지 혼자 일본 여행을 꽤 다녔던 것 같다. 갑자기 라멘이 먹고 싶어서 1박 2일로 일본에 다녀온 적이 있을 정도로 여행에 푹 빠졌었다. 여담으로, 그럴 때마다 나는 세뱃돈을 매년 저축해 놨던 과거의 나에게 감사했다.

아무튼, 다시 본론으로 돌아와서. 오키나와 여행의 마지막 날, 나는 나에게 영상 편지를 하나 남겼다.

그 당시의 나는 성인이 되면서 '미래'를 떠올리며 불안해하거나, 때때로 지나치게 큰 기대를 품기도 했었다. 그래서 그때를 돌아보면, 그 편지가 정말 중요한 순간에 내게 전하는 메시지였다는 걸 알 수 있다. 이 편지는 단순히 내게 어떤 조언을 주는 형식의 글이 아니라 나의 과거와 현재를 잇는 연결고리였고, 내가 스스로에게 보낸 가장 진지한 대화였던 것이다.

조금은 부끄럽지만, 그 영상 편지를 이곳에서 함께 열어 보고자 한다.

<9년 전, 내가 나에게 쓴 편지>

안녕 수민아.
오글거리지? 나도 오글거려.

아무튼, 오늘!
아, 오늘이 아니고.

내 생에 첫 해외여행이었는데
해외뿐만 아니라 국내에서도
너 혼자 다닌 적이 없었잖아.

혼자 가는 여행도 처음이고,
해외에 혼자 온 것도 처음이고,
아무튼 다 처음인 거잖아.

잘해 줬고, 많이 걸어 다니느라 수고했어.
걸어 다녔던 내 발도 너무 고생했고.

앞으로 나는 네가 더 발전하고,
뭐든 열심히 하는 사람이면 좋겠어
꿈을 좇는 사람한테
열리지 않는 문은 없다고 생각하거든.

그러니까, 더 열심히 하고 부족한 거 알고
부족한 걸 계속 더 채워 나가려고 하고
생각만 하지 말고, 실천을 하자 우리.

21살 되는 거 축하하고
더 예쁘게 화이팅해서

꼭 성공해서 일본 극단도 들어가고
화이팅했으면 좋겠어

힘들 때 이 영상 보면서 힘내고,
너는 대단한 사람이 될 거야.
진짜. 믿어 의심치 않아.
사랑해.

— 2015년 오카나와에서, 수민이 수민에게 —

나는 이 편지의 존재 여부를 잊고 있었고, 9년이나 보지 않았다. 그러다 문득 29살이 되던 시기에 생각이 났다.

'맞아. 네이버 클라우드에 그 영상이 있었지.'

이 책을 쓰면서 오랜만에 그 편지를 읽어 봤다. 그때 당시 어리숙하고 무언가 순수해 보이는 앳된 얼굴, 먼 훗날 펼쳐질 나의 성공을 기대하며 반짝이는 눈. 모든 것들이 사무치게 그리워졌지만, 한편으로는 내가 자랑스럽기도 했다. 내가 나의 부족한 점을 똑바로 인식하고, 앞으로 살아가야 할 방향성이나 목적을 명확하게 니에게 전달해 줬기 때문이다.

그래서 지금 나는 그 편지를 통해 많은 것을 배우고 있다. 내가 20살 때 가졌던 꿈, 두려움, 열정은 모두 나의 오늘을 만들어 가는 중요한 토대가 되었다. 내가 당시 느꼈던 감정들은 이제 모두 추억이 되었지만, 그 편지는 나에게 '너는 그때의 자신에게 해 줄 수 있는 최고의 조언을 했어. 이제, 그 조언을 따라가면 될 거야'라고 말해 주고 있었다.

이 글을 쓰고 있는 현재, 그때의 나와 대화할 수 있는 기회가 주어진다면, 나는 그때의 나에게 이렇게 묻고 싶다.

20살 과거의 수민아.
네가 바라던 모습으로 난 지금 어른이 되었을까?
네가 꿈꿨던 대단한 모습으로 난 성장해 있을까?

난 답이 된 것 같다.
난 내가 바라던 미래의 모습보다도,
아마 훨씬 더… 성장해 있는 것 같다.

20살, 홀로 여행했던 오키나와의 바다

20살, 홀로 여행했던 오키나와의 어느 산책로

제4장

20대, 나에게 '여행'이란

나에게 여행은 빼놓을 수 없는 양식이다.

여행은 나에게 단순한 여가나 휴식의 의미를 넘어서 삶의 필수적인 요소가 되었다. 매일 일상에 몰두하고, 반복되는 루틴 속에서 때때로 나는 자신이 어디로 가고 있는지, 왜 이 일을 하고 있는지 의문을 품게 된다. 그런 순간마다 여행은 나에게 새로운 숨을 불어넣어 준다. 여행은 내가 내 자신을 돌아보고, 새로운 관점으로 세상을 바라보게 해 주는 소중한 시간이다.

그래서 나는 여행을 '양식'이라 부른다. 그것은 내 영혼의 양식이자, 나의 삶을 지속할 수 있게 해 주는 에너지원이다.

여행을 떠날 때마다 나는 내가 얼마나 세상에 대해 좁은 시각으로 살고 있었는지 깨닫게 된다. 어느 곳이든 나를 기다리는 새로운 풍경, 사람들, 문화, 언어는 언제나 나를 놀라게 하고, 그 안에서 나만의 통찰을 얻는다. 마치 내 마음의 그릇이 조금씩 넓어지는 것 같은 느낌을 받는다. 일상에 치여 잊고 있던 감각들이 다시 살아난다. 낯선 곳에서의 하루는 나에게 지평을 넓혀 주는 경험이며, 그 경험은 내가 돌아가서도 새로운 시각으로 세상과 사람들을 바라볼 수 있게 해 준다.

20살, 2015년 9월에 부모님과 함께 처음으로 해외여행을 갔다. 그때의 좋은 기억은 내 머릿속에 선명하게 남게 되었다. 부모님의 웃는 얼굴, 낯선 세상, 그리고 그 세상에 설레어 하는 나의 모습까지. 나는 그날부터 혼자 해외여행을 다니기 시작했다. 낭만 있게 배낭 하나 메고, 그 나라에서 새로운 사람들도 만나 보며 즐거운 시간들을 보냈던 것 같다.

확실히 짧은 시간, 가까운 나라를 가도 내 성향이 외향적이라서 그런지 새로운 아이디어가 막 떠오르고 시야가 더 넓어지는 느낌을 받았다. 쓰는 돈만큼 나에게 돌아오는 것들이 많았고, 내가 생각하지도 못했던 다양한 직업과 다양한 사람들을 보며 인생에 대한 많은 공부를 했던 것 같다.

그렇게, 언제나 나에게 다양한 방면으로 도움을 줬던 '여행'은 내 삶에서 빠질 수 없는 양식이 되었다.

그래서 그날 이후로 큰일을 해치우고 나면, 꼭 비행기 표를 끊었다. 그제야 내가 숨을 쉬고 있다는 생각이 들 만큼, 나는 여행에 빠져들었다.

지금은 옛날만큼이나 여행을 자주 가지는 못하지만, 그때 여행을 다니지 못했다면 나는 지금 이렇게나 많은 일을 하고 있지 않았을 수도 있겠다는 생각이 든다.

그리고 이렇게 여행을 다닐 수 있었던 건 세상에 하나뿐인 외동딸을 자유롭게 풀어 줬었던 우리 부모님의 혜안이 아니었을까 생각한다.

여행은 나에게 단순히 외부의 풍경을 감상하는 시간이 아니다. 여행은 나 자신과의 만남, 그리고 나의 내면을 들여다보는 과정이다. 내가 가는 곳마다 나의 과거와 현재, 미래가 얽히며, 그곳에서 나만의 이야기를 쓴다. 여행은 나를 치유하고, 성장시키며, 나의 세계를 확장시킨다. 내가 여행을 떠날 때마다 세상은 그 전보다 더 넓어지고, 나는 그만큼 더 많은 것을 이해하게 된다. 다양한 사람들과의 교류 속에서 나는 다름을 이해하고, 그 다름을 존중하는 법을 배우게 된다.

사람들이 여행을 떠나는 이유는 각기 다를 것이다. 어떤 이들은 단순히 휴식을 취하기 위해, 또 다른 이들은 새로운 도전을 위해 떠날 것이다. 하지만 나에게 여행은 그저 휴식이나 즐거움이 아니라, 내 삶의 질을 높이고 내가 나답게 살아갈 수 있도록 돕는 필수적인 양식이다.

여행을 떠날 때마다 나는 다시 한번 나의 존재에 대해 생각하게 되고 나 자신을 더욱 깊이 이해하게 된다. 그리고 돌아온 후에는 그 여행에서 얻은 경험과 감동이 내 삶을 더욱 풍성하고 의미 있게 만든다.

나는 여행을 떠날 때마다 그 길이 나에게 무엇을 말해줄지, 내가 어떤 사람으로 변해 있을지 기대감을 품는다. 그리고 그 여행은 언제나 나를 변화시킨다. 내가 만나는 새로운 사람들, 마주하는 새로운 환경, 들려오는 새로운 소리와 냄새들이 내 안에 새로운 색을 칠해 준다.

그래서 여행은 그 자체로 나의 삶을 더욱 생동감 있게 만들어 주는 에너지원이자, 내가 살아가는 이유를 되새기게 해 주는 귀한 양식인 것이다.

여행을 다니며

제5장

20대, 나에게 '외로움'이란

나에게 '외로움'이라는 단어는 동반자와도 같다.

어떤 사람에게는 '외로움'이 잠시 머물다 가는 손님에 불과할지 모르지만, 내게는 그보다 더 긴밀한 존재였다. 외로움은 마치 내 그림자처럼, 내가 움직이는 곳마다 함께 있었다. 내가 누구와 함께 있어도, 내가 어떤 활동을 하든 그 외로움은 내 마음 깊숙한 곳에서 언제나 나를 바라보고 있었다.

때때로 그것은 그저 공허한 느낌으로 다가오기도 했고, 때로는 나를 압도할 만큼 깊고 무거운 감정으로 나를 억누르기도 했다. 그러나 그 외로움은 언제나 내 삶의 한 부분이었고, 나는 그 감정을 피할 수 없었다.

 10대에도, 20대에도 나는 언제나 외로움과 공존했다. '애정결핍'이라고 생각할 수도 있지만, 부모님은 언제나 나에게 많은 사랑을 주셨다.

 물론, 부모님의 맞벌이와 잦은 모임으로 나 혼자 보내는 시간도 많았지만, 주말마다 우리 가족은 늘 여행을 다녔고, 매주 금요일은 '삼겹살 데이' 혹은 '영화 데이'로 지정하여 함께 삼겹살을 먹거나 여행을 보는 시간을 가졌다. 그래서 남들이 보기에 우리 가족은 언제나 화목하고 부유하게 사는 집이었을 것이다.

 어느 날은 부모님이 늦게 오신 날이었는데, 드라마 〈아이리스〉를 보며 저녁 시간을 보냈었다. 수족냉증이 있었던 나는 어느덧 발이 차가워져 있었고, 보일러를 높여도, 양말을 신어도 계속해서 발은 차가웠다.

 양동이에 따뜻한 물을 받아 양동이에 발을 담그고 드라마를 계속해서 시청했다. 12살이었던 나는 처음으로 문득 이런 생각을 했다.

'아, 외롭다.'

사실 지금 와서 생각해 보지만, 그때 부모님과 함께 저녁을 보냈다면 외롭지 않았을까? 그건 아닐 것 같다. 이 책을 읽는 여느 사람들도 공감을 하겠지만 가족이 언제나 함께할 수는 없다.

그날은 부모님이 한 달에 한 번 모임을 갖는 '특별한 날'이었다. 그 어린 나이에, 간혹 가다가 있었던 '혼자' 있는 시간이 외롭다고 느꼈던 거다.

그래서 돌이켜 보면, '외로움'이라는 것은 후천적으로 생기는 것이 아닌, 선천적으로 타고나는 것이라는 생각도 든다. 즉, 우리 가족의 형태로 인해 내가 '외로움'이라는 단어를 가진 것이 아닌, 그냥 본질부터 외로움이 많을 수 있겠다는 생각이 든다. 어쩐지 과거의 나는 친구에 대한 집착도, 가족에 대한 집착도 언제나 강했던 것 같다.

그 집착이 상대방에게 부담이 되어서인지 모르겠지만 소중한 친구들과 이별을 한 적도 많았다. 그럴 때마다 나는 내 사랑을 공유할 사람이 필요했다. 그냥 순수하게 사람을 많이 좋아했고, 나의 곁에 있어 주는 '존재'가 필요

했던 것 같다.

그러나 시간이 지나면서 나는 외로움이 반드시 부정적인 감정만은 아니란 것을 깨달았다. 외로움은 나를 아프게 할 수도 있었지만, 동시에 내가 성장하고 변화하는 원동력이 되어 주기도 했다.

나는 내가 외로움을 느낄 때마다 그것을 단순히 외면하려고 하지 않았고, 그 감정을 직시하고 그것이 내 안에서 무엇을 말하고 있는지 깊이 고민했다. 내가 진정으로 원하는 것이 무엇인지, 이 감정을 컨트롤할 수 있는 방법은 무엇인지.

그 생각들이 하나둘 쌓여 가며 중요한 신호가 되었고, 나는 내가 어떤 사람인지 차츰 알게 되었다. 그 속에서 나는 내 감정의 깊이를 알게 되었고, 그것을 통해 나는 나를 마주하기 위해 20살에 '운동'을 시작했다. 내가 나를 가꾸며, 내가 나와 친해지며 '외로움'에 맞서게 된 것이다.

그때 처음으로 그런 생각이 들었다.

'남들과 함께 있는 시간보다 혼자만의 시간도 좋구나.'

그래, 어쩌면 외로움은 나에게 하나의 여정이었다. 내가 겪는 고독과 그로 인한 상처들은 때때로 나를 방황하게 했지만, 그 방황 속에서도 나는 나를 더 잘 이해하게 되었다. 외로움이 때때로 나를 움켜잡고 고통스럽게 만들었지만, 나는 그 속에서 나만의 방식으로 치유를 찾아갔다. 그리고 그 치유의 과정은 내가 나를 받아들이고, 내가 원하고 필요한 것을 명확히 이해하는 시간이었다.

많은 사람들이 외로움을 두려워한다. 혼자 있는 것이 불안하고, 고독한 시간을 견디는 것이 힘들다고 느낀다. 그러나 나는 나의 20대 시절을 돌아보며 깨달았다. 외로움은 꼭 부정적인 감정만이 아니라, 내 삶에서 중요한 역할을 담당해 주고, 원동력이 되어 나를 더욱 성장시키고, 내가 나 자신을 똑바로 마주 보고 이해할 수 있는 장치가 되어 줄 것이라고.

나의 20대 시절에 있어서 외로움은 언제나 나와 함께였지만, 나는 그 외로움 속에서 나를 더욱 강하고 온전하게 만들어 갔다.

더 이상 외로움은 나를 압박하지 않는다. 외로움은 나에게 고통스러운 것만이 아닌, 내가 나 자신을 이해할 수 있는, 세상과 소통할 수 있게 돕는 존재로 나에게 스며들었다.

이제 나는 외로움을 더 이상 '피해야 할 감정'으로 여기지 않는다. 그것은 내 삶의 동반자이자, 나를 성장시키는 중요한 요소이기 때문이다.

그래, 어쩌면 '외로움'을 가진 20대의 내가 있었기에, 그런 과거가 있었기에 나의 미래가 기대되고, 더 잘 살아갈 수 있다는 믿음이 생긴 것 같다.

제6장

20대, 나에게 '사랑'이란

나에게 사랑은 내 삶과도 같다.

사랑은 내 삶을 정의하는 가장 중요한 요소 중 하나다. 그것은 단순히 누군가를 좋아하는 감정이 아니라, 내가 세상과 연결되고, 나 자신을 이해하며, 다른 사람들과 관계를 맺어 가는 방식 그 자체다. 사랑은 내가 살아가는 이유이기도 하고, 내가 어떻게 살아가야 할지를 알려 주는 길잡이이기도 하다. 내가 사랑하는 법을 배워 가며, 나는 삶을 더 깊이 이해하고, 그 안에서 나의 존재 이유를 찾아가는 여정을 시작했다.

사랑은 언제나 내 삶 속에 자연스럽게 스며들었다. 어

린 시절, 나는 가족을 통해 사랑을 배웠다. 부모님의 사랑은 나를 따뜻하게 감싸 주었고, 그 사랑 속에서 나는 세상에 대한 신뢰를 가질 수 있었다. 그 사랑은 내게 세상이 따뜻하고, 사람들은 서로 아끼고 보살펴야 한다는 중요한 가르침을 주었다. 그러다가 내가 자라면서 사랑의 의미는 점점 더 넓어지고 깊어졌다. 친구들과의 사랑, 연인과의 사랑, 나 자신에 대한 사랑까지. 사랑은 늘 내 삶의 중요한 축이었고, 그 축이 있었기에 나는 내 인생을 흔들림 없이 살아갈 수 있었다.

사랑은 나에게 없으면 죽을 것 같고, 있으면 숨을 쉴 수 있는 존재다. 순간의 설렘과 인연이라고 생각되는 자그마한 것들에 목숨을 걸고 연연해하는 모습으로 나는 언제나 사랑에 구걸하고, 목매달았다.

그래서 나는 다른 사람들도 나같이 사랑하는 줄 알았다. 20대 초반의 여성들은 나처럼 연인에 대한 집착도 크고, 사랑에 목매달면서 살아가는 줄 알았던 것이다.

하지만 그건 나만의 착각이었고, 내가 앞에서 말했던 외로움에 대한 결핍이 아니었을까 싶다.

21살에 혼자 여행을 다니며 혼자 사는 법을 터득했던 나는 그때 여름, '한 남자'를 만났다.

혼자가 편했었던 내가 누군가와 함께한다는 것에 더욱 편안함을 느끼게 되었고, 나를 사랑했던 나는 나보다 남을 더 사랑하게 되는 나를 발견할 수 있었다.

애초부터 '외로움'이 좀 많았던 나는, 여행을 하면서 '혼자'라는 것에 극복을 해 나갔지만, 나의 허전함을 채워주는 사람을 만나게 되며 다시 어렸을 때의 나처럼 '의지'라는 걸 하게 된 것 같았다.

첫사랑, 그리고 무거운 이별. 지워 버리고 싶은 인연이자 악연이라고도 생각이 들지만, 강렬했던 기억만큼 지워지기까지는 시간이 걸렸다.

왜냐하면, 그 사람을 만나고 '처음'이라는 단어가 너무 많았기 때문이다. 처음으로 사랑을 해 보고, 처음으로 결혼도 해 보고, 처음으로 이혼도 해 봤다.

다시는 그런 사랑을 경험해 보고 싶지 않고, 꺼내고 싶지도 않은 숨기고 싶은 기억이지만, 나는 그 기억에 맞서

기 시작했다.

 단편적으로 행복했던 기억이 아닌, 정말 아프고 슬펐던 기억들을 꺼내며 다시 한번 나를 돌아봤다. 그때 알게 되었다. 행복했던 시간보다, 불행했던 시간이 더 많았다는 것을. 그 시간으로 인해 나는 과거의 사랑에 대한 미련을 버리고, 더 나은 미래를 발견해 나갔다.

 그러한 계기로 나는 더욱더 성장할 수 있었고, 더욱 미래에 대한 확신이 들면서 내가 나를 사랑하게 되었다.

 그리고 내가 나를 사랑하게 되니, 나를 정말 사랑해 주는 좋은 사람을 만났다. 이젠 아팠던 과거도, 내가 가졌던 외로움도 서서히 사라져 가며 '치유'라는 과정을 밟고 있다.

 이제는 내가 가지고 있던 결핍도 결핍이 아니게 될 만큼, 내가 나를 온전하게 바라보며 앞을 볼 수 있도록 나를 묵묵하게 지켜 주는 사람이 생겼다.

 그는 나의 결핍을 고치려고 하지 않았고, 내가 고쳐야 할 부분을 딱히 이야기하지 않았다. 그는 그저 있는 그대로의 나를 받아들이며, 그 사랑으로 내가 나를 더 잘 이해할 수 있도록 도와주었다.

그로 인해 나는 내가 그동안 놓쳤던 모든 것들을 돌아보았다. 자기 자신에 대한 믿음, 진정한 나의 가치, 결핍과 마주 볼 수 있는 강한 '나'.

이제야 나는 '나'라는 사람을 다시 찾게 되었으며, 과거의 아픔도 이제는 더 이상 나를 묶지 못한다. 그 아픔조차도 내가 지나온 중요한 발자취이기 때문이다.

이제 나는 더 이상 '처음'이라는 단어에 의미를 부여하지 않는다. 그것이 사랑이든, 도전이든, 새로운 시작이든, 나는 그 모든 순간들을 온전히 맞이할 준비가 되어 있다. 내가 나를 사랑하고, 내가 나의 가치를 인정하게 되었으니, 그 어떤 어려운 길도 두렵지 않다. 내 삶은 이제 내가 만들어 가는 것, 내가 그려 가는 것임을 깨달았다.

이제 내 마음속 깊은 곳에서, '나는 충분히 사랑받을 자격이 있어'라는 믿음이 자리를 잡았다. 어쩌면, 나는 수많은 시간을 돌고 돌아서 이곳까지 온 게 아닌가 싶다.

나에게 사랑은 '기쁨'보다는 '괴로움'이라는 감정이 더 컸지만, 이제는 아니다. 진정한 사랑이란 내가 누구인지 알아 가고, 내가 부족한 부분을 채워 가는 과정이다. 내가 그 사랑을 통해 나를 더 사랑할 수 있어야 한다.

나는 여전히 내가 죽는 날 함께 손을 잡고 눈을 감으며 "고생 많았어"라고 말할 수 있는 그런 사랑을 하고 싶다. 설령 그 사람이 지금 내 옆에 있는 사람이 아니라고 하더라도, 나에게 사랑은 '의지'가 아닌 '필연'처럼 다가와서 죽음과 삶을 함께 영위할 수 있는 존재였으면 한다.

그래서 나에게 있어서 사랑은 '삶'과도 같다. 나는 이제 그 여정을 두려워하지 않는다. 사랑을 통해 나는 내가 누구인지, 무엇을 원하는지, 어떻게 살아가야 할지를 배워 가고 있다. 사랑은 나의 삶이자, 나를 완성하는 길이다.

그리고 나는 그 길을 계속해서 걸어갈 것이다.

제7장

20대, 나에게 '일'이란

나에게 일은 언제나 잘 해낼 수 있는 것, 그 자체다.

'일을 잘 해낼 수 있을까?'라는 의문은 나에게 없었다. 언제나 일을 잘 해낼 거라는 나만의 확신이 있었기 때문에.

22살부터 뮤지컬 사업을 시작하며 다양한 사람들을 접하고, 지원사업을 써 내려가며 내 나이 또래들은 자주 접할 수 없는 경험을 하면서 살아왔다.

그런 경험들이 나에게 밑천이 되어 다양한 일을 할 수 있게 되었고, 꼭 문화/예술 일이 아니더라도 다른 직업군이나 다양한 일을 할 수 있다는 믿음이 생겨났다.

그래서 '돈을 못 벌면 어떡하지'라는 고민은 단 한 번도 해 보지 않은 것 같다. 내가 가진 재산이나 이런 걸 떠나서, 그냥 단순하게 나에 대한 믿음이 있었던 것 같다. "나는 좋은 기운을 가진 사람이야" 하는.

그래서 나는 어릴 적부터 일이 주는 책임감을 자연스럽게 받아들였다. 내가 어떤 일을 맡았을 때, 그 일을 단순히 '끝내는' 것이 아니라, 그 일을 완수하는 과정 자체가 나를 형성하는 중요한 일부분이라고 생각했기 때문이다.

사람들은 종종 "이 일을 해낼 수 있을까?"라고 묻고는 한다. 하지만 나는 그런 의문을 단 한 번도 품어 본 적이 없다. 그저 내가 맡은 일이면, 어떤 도전이든 그 끝을 보는 것이 내게는 당연한 일이었고, 그 일을 잘 해내기 위해 수단을 가리지 않고 밀어붙이는 나에 대한 확신이 있었기 때문이다.

그 확신 때문일까. 나는 항상 '잘해야 한다'는 생각을 강하게 품고 있었다. 그건 단순히 좋은 성적을 얻기 위한 경쟁심이라기보다는, 내가 하는 일이 나에게 얼마나 중요한지에 대한 깊은 인식에서 비롯된 것이었다. 내가 무엇을 하든, 내가 맡은 일에 얼마나 책임감을 가질 수 있는지 나를 시험해 보는 과정이었다.

하지만 완벽하게 일을 끝내고 싶은 성격이 과했던 탓일까. 나는 20대 초반에는 또래들과 관계를 맺고 어울리는 것이 다소 힘들었던 것 같다.

20살, 나는 사람들과 어울리지 못하는 못난이 돌 같았다. 대학교에 첫 입학을 하고 동기들과 사이좋게 잘 지내는가 했지만, 역시나 의견 차이가 벌어지며 동기들과 멀어지게 되었다.

내가 중요하게 생각하는 건 '효율적인 일의 과정'이었고, 그들이 중요하게 생각하는 건 '동기들의 단합'이었다.

그때의 나는 '단합이 그렇게 중요한가? 일을 효율적으로 진행하면 빠르게 처리가 가능할 텐데'라는 생각을 자주 했던 것 같다. 그러다 언젠가 한 번, 사건이 터진 적이 있었다.

뮤지컬과의 특성상 밤을 지새우며 연습을 하는 경우가 있었는데, 나는 다음 날 아침 9시 수업을 들으러 가야 하는 상황이라, 새벽 5시까지 진행되는 연습이 비효율적이라 느껴졌고 이해가 가지 않았었다. 결국 나는 과대와 약간의 다툼을 벌이다가 문을 박차고 나왔고, 그날부터 동기들과 조금씩 멀어졌던 것 같다.

그 후, 외부에서 나만의 기회를 창출해 내기 위해 서울에서 레슨을 받으며 오디션을 보러 다니기도 하고, 다양한 정보를 얻기 위해 노력했다.

그러다 운이 좋게도 20살의 겨울. 외부 뮤지컬 작품에 들어가게 되면서 배우 생활을 2년 정도 지속했던 것 같다. 하지만 불의를 보면 참지 못하는 성격 탓일까. 배우 및 창작진에게 불균등한 네트워크를 강요하는 제작사가 이해가 되지 않았던 나는 내 의견을 강력하게 피력했고, 결국 대표와 논쟁을 벌이며 그 공연에서도 나는 소외가 되었다.

그렇게 22살, 나만의 사업체를 만들자는 목표를 세우게 되었다. 다양한 지원사업을 찾아보고 공부하며, 처음으로 지원서라는 걸 써 보았다. 그리고 대구에서 자그마한 사업체를 만들어 가며 다시 사람들을 만나기 시작했다. 그리고 생각했다. 비효율적인 시스템으로 굴러가지 않는, 그리고 배우에게 부당한 태도를 취하지 않는, 그런 회사가 되자고.

사업은 꽤 순조롭게 진행되면서 점점 다양한 콘텐츠를 만들기 시작했다. 사회적인 문제를 해결하는 창작 뮤지컬부터, 다양한 관객들이 즐길 수 있는 대중적인 창작 뮤지컬까지.

처음으로 글도 써 보고 연출도 해 보고, 대표도 해 보고 다양한 것들을 시도하며 단체를 운영했다. 그래서 20대 초반은 정말 일을 했던 기억밖에 없는 것 같다.

그렇게 일을 점차 하면서 테크닉도 늘어 가고, 내가 만들어 놓은 서류들이 쌓여 가니 그 서류의 데이터로 다른 사업계획서를 수월하게 작성하며 경험을 넓혀 갈 수 있었다.

나는 끊임없이 배우고, 변화에 적응하며 팀을 이끌어 나아갔다. 모든 순간이 쉽지는 않았지만, 그 모든 경험이 나를 더욱 단단하게 만들었고, 앞으로 더 나아가게 만들었다.

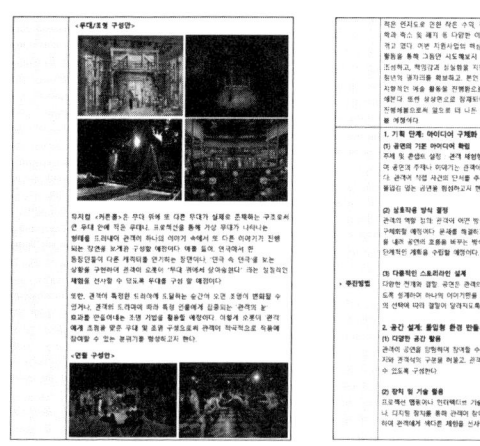

사업계획서 기획안 中

그렇게 사업을 계속해서 수행해 나가며 나만의 네트워크가 형성되고, 이제는 나와 마음이 맞고 뜻이 맞는 사람들이 점차 생겨나기 시작했다. 사람과의 관계가 어려웠던 내가 누구보다 많은 사람들과 인격적인 교류를 하고 있었고, 그때부터 나는 나의 사람들과 함께 다양한 문화/예술 사업을 생성해 내고, 추진해 내었다.

다양한 일을 하며 나의 집을 키워 나갈수록 점점 시야도 확대되었다. 문화/예술 사업뿐만이 아닌, 물건을 판매하거나 다른 기술과 융합한 콘텐츠를 개발하는 색다른 일에도 관심을 가지게 되었다. 그리고 그러한 다양한 일

제7장 20대, 나에게 '일'이란 65

을 추진하기 위해 지금도 나는 밤새 기획안을 작성하거나, 아이디어를 짜내는 중이다.

이렇듯 나는 언제나 내가 하는 일에 자신감을 가지고 내가 하고 싶은 것을 추진하며 인생을 살아왔다. 그래서 나는 내가 할 수 있다고 믿는 것, 그것이 내가 가장 중요하게 생각하는 원칙이다.

내가 단 한 번도 '할 수 있을까?'라고 걱정하지 않았던 이유는, 그 질문 자체가 내 안에서 필요하지 않았기 때문이다.

내가 하는 일에는 내가 믿는 만큼의 책임감과 확신이 있었고, 그 믿음은 내가 맡은 일에 대한 자부심과 직업적 자아를 형성하는 중요한 밑거름이 되었다. 나는 내 일에 최선을 다했으며, 그것을 통해 내가 누구인지, 내가 어떤 사람인지, 그리고 내가 이 세상에서 무엇을 할 수 있는지에 대해 확신을 가질 수 있었다.

이제 돌아보면, 일은 나에게 단순히 경제적인 수단이나 사회적 지위를 위한 수단이 아니었다. 일이란 내가 나 자신을 표현하는 방법이자 나의 가치를 보여 줄 수 있는 도전의 연속이었다. 나는 언제나 내가 맡은 일에서 내 가치를 찾았고, 그 가치는 내가 얼마나 헌신적으로 일을 해냈는지, 내가 그 일에 얼마나 책임감을 가지고 임했는지에서 비롯되었다.

2025년, 나는 대학로 공연을 앞두고 있으며 다양한 사업 아이템을 구상하고 있다. 내가 나에게 딱 한 가지의 바람이 있다면 20대는 치열하게 일만 하고 살았으니 30대가 되면 좀 더 편하게 일을 했으면 좋겠다.

나에게 일은 언제나 '~ing'였고, '언제나 잘할 수 있다'는 확신을 가지고 있지만, 그리고 앞으로도 그러할 예정이지만,

30대의 나는 잠깐이라도 쉬어 갈 수 있는 여유를 가진, 조금 더 성숙한 내가 되기를 바란다.

20대, 나의 일터

제8장

20대, 나에게 '이별'이란

나이가 들수록 이별과 가까워지고 있다는 생각이 든다.

아직 많은 세월을 겪은 건 아니지만, 나이가 들수록 단순히 사람과의 관계에 국한되기보다는, 시간이 흐를수록 나의 몸과 마음, 사랑했던 장소들, 심지어 내가 알고 있던 세상 자체도 변화하고 있다는 걸 경험하고 있다.

나이가 들면, 우리는 더 이상 언제나 젊고 무한한 가능성 속에 있는 존재가 아니게 된다. 몸은 조금씩 늙고, 마음은 때로 더 무거워지며, 한때 익숙했던 얼굴들도 하나둘씩 사라져 간다. 오래된 친구들이 떠나고, 가족들이 세월의 흐름에 따라 변해 가며, 나조차도 내가 아닌 다른 누군가로 변해 간다. 그렇게 하나둘 '이별'이라는 것을 겪어 가고 있는 것 같다.

5년 전, 나와 18년을 동거 동락 한 내 반려견 '순수'가 떠오른다. 8살 때부터 나의 든든한 동생이 되어 줬던 '순수'는 내가 25살이 되던 날 떠났다.

그때 처음으로 나는 큰 '이별'이라는 것을 해 봤던 것 같다. 그리고 그 이후, '이별'과 가까워지기 위해 노력해 봤지만 생각처럼 쉽게 되지 않았다. 나는 '이혼'이라는 또 다른 큰 이별도 해 봤지만, 이별을 하고 나면 후련할 줄만 알았던 마음이 꽤나 아프고 힘든 감정을 가져오기도 했다. 참 이상하다고 생각했다. 이별하기 전이 더 아프고 힘든 순간이 많았음에도, 이별이라는 것 자체에 힘들어하는 내가.

이토록 '이별'이라는 것은 모든 인간들에게 있어서 쉽게 받아들일 수 없는, 가장 힘든 감정이라는 것을 몸소 체험하게 되었다.

21살, 작가를 꿈꿨을 때 나의 스승이었던 작가님께서 이런 말을 해 준 적이 있었다. 나이가 들어 가는 건, 이별하는 존재가 많아지는 거라고. 그때의 나는 그 말을 이해하지 못했지만, '이별'이라는 단어는 사람이나 동물과의 이별뿐만이 아닌 내가 하고 싶은 것, 내가 추구하는 것과의 헤어짐도 포함된다는 것을 깨달았다.

  일을 시작하며 나 자신을 꾸미는 것과 이별하고, 친구들을 만나는 것과 이별하고, 순수했던 나와 이별했다. 이별을 거듭할수록 나는 더 어른이 되는 것 같았지만 한편으로는 씁쓸한 마음이 많이 들었던 것 같다. 이럴 때일수록 나는 어떠한 이별이 다가올 때면, 그 시간을 더욱 소중하게 여기려고 하고 있다.

  이 책을 쓰고 있는 나도, 이 책을 읽고 있는 당신도. 우리 모두 언젠간 이 세상을 떠나게 된다. 그 누구도 영원히 함께할 수는 없다. 그래서 나는 지금 내가 사랑하는 사람들에게 더 가까이 다가가고, 더 깊이 사랑하고, 더 많이 기억하려 한다. 떠나는 사람들을 아쉬워하면서도, 그들과 함께한 시간들이 나의 삶에 얼마나 큰 의미였는지 떠올리며 감사한다. 그리고 내가 이별을 겪을 때, 그 후에도 그 사람들의 기억이 내 삶 속에서 살아남아 계속 나에게 힘을 준다는 사실을 믿는다.

내가 나이를 먹고 이별을 더 자주 경험할수록 나는 그 의미를 조금씩 알아 간다. 이별은 끝이 아니라는 것, 그리고 나이가 들수록 우리는 그 이별을 더 잘 이해하고, 받아들이게 된다는 것.

마치 책의 한 페이지를 넘기고, 새 장을 여는 것처럼. 이별 또한 삶의 일부이며, 그 이별을 통해 우리는 더 많은 것을 배우고 성장한다.

나는 이제 이별을 두려워하기보다는 감사한 마음으로 맞이하고 있다. 이별은 삶이 나에게 주는 가장 큰 시련이자, 성장할 수 있는 밑거름임을 깨달았기 때문이다.

그래서 나는 30대가 되어서 아주 슬픈 이별이 오더라도, 담담히 그 이별을 받아들일 수 있는, 이별과 가까워질 수 있는 성숙한 내가 되기를 바란다.

제9장

20대, 나에게 '사색'이란

나에게 '사색'이란 하루의 일기장과도 같다.

그날의 감정과 생각을 고요히 기록하는 시간, 마치 글을 써 내려가듯, 내 마음속에 떠오르는 모든 것을 하나씩 꺼내어 바라본다. 하루를 마감하며 나는 종종 나의 내면으로 돌아간다. 그리고 그 하루 동안 겪은 일들, 느낀 감정들을 되새기며 내가 어떤 생각을 했고 어떤 마음이 내 안에 자리 잡았는지를 되짚어 본다. 사색은 내가 그날을 어떻게 살아갔는지 돌아보는 일기와도 같다.

어느 날은 아파트 앞에 앉아 있는 할아버지를 보았는데, 멍하니 어딘가를 바라보고 계셨다. 나는 그가 바라보고 있는 시야를 따라 하늘을 바라보았다. 그리고 그가 살아온 삶을 돌이켜 보았다.

왜 저 할아버지는 저기에 늘 앉아 계실까, 어떠한 삶을 살고 계신 걸까, 하늘만 바라보고 있는 게 우울하지는 않으실까? 왜냐하면 하늘은 언제나 똑같은데.

그리고 비가 오는 날이었다. 나는 정신없이 출근을 하고 있었는데, 역시나 그날도 할아버지는 똑같은 자리에 똑같은 표정으로 하늘을 바라보고 있었다. 그 시선을 따라갔더니, 무의식적으로 알 수 있더라.

따스했던 하늘이 나를 질책하듯 차가운 비바람으로 바뀔 수도 있고, 때로는 빛이 사라져 나에게 외로움을 말할 수도 있구나. 그래, 할아버지는 매일 같은 풍경이 아닌, 다른 풍경을 보고 있었구나.

그렇게 사색에 빠져들 때면, 세상의 소리가 멀어지고 마음속 깊은 곳에서 나 자신과 마주하게 된다. 바쁜 일상 속에서는 놓치기 쉬운 작은 것들, 내가 진정으로 원하는 삶이 무엇인지…. 나는 그런 순간들이 필요하다. 고요한 시간 속에서, 내 안의 목소리를 들을 수 있는 시간.

그래서 사색에 잠기면, 나는 내가 지나온 길을 되돌아보게 된다. 그동안 만난 사람들, 겪었던 경험들, 그리고 내 마음속에서 자주 떠오르는 질문들. 왜 나는 이렇게 살아왔고, 나는 앞으로 어떤 사람으로 살아가고 싶은지에 대해 깊이 고민한다. 그런 생각들이 때로는 내게 위로가 되기도 하고, 때로는 불안감을 안겨 주기도 한다. 하지만 그런 감정들마저도 나를 온전히 이해하는 데 필요한 조각들처럼 느껴진다.

사색을 통해 나는 내 마음을 정리하고, 혼란스러운 감정들을 정돈한다. 마치 하루 동안 쌓인 먼지를 털어 내는 것처럼, 내 안의 복잡한 생각들을 하나씩 풀어내며 깨끗하게 정리하는 것이다. 그때, 나는 자신이 얼마나 많은 생각을 품고 살고 있는지, 그리고 그 생각들이 얼마나 내 삶을 형성하는지 다시 한번 느낀다.

나는 이처럼 사색이나 생각을 많이 하면서도, 나만을 들여다보는 것이 아닌, 남을 들여다보기 위한 생각도 많이 하는 편이다. 남들이 바라봤을 때의 나는 생각이 너무 많은 사람일 수 있지만, 나는 내가 가지는 작은 여유가 참 좋다.

사람들은 연애 이야기나 예능 프로그램에서 노출되는 '다른 사람에 대한 분석'은 완벽하지만, '잘 살아갈 수 있는' 방법을 알면서도 사람들은 그렇게 살지 못한다. 그럴 때면, 함께 잠시 여유를 가지고 눈을 감고 생각을 해 보는 시간을 가져 보자. 남을 멋대로 판단하거나 남을 비난하는 것이 아닌, 그 시간들을 나에게 대입해 보며 지나간 것들을 바라보자. 그럼, 하루의 끝에서 나는 또 한 번 '나'를 돌아볼 수 있을 것이다.

내일이 어떤 날이 될지 모르지만, 오늘의 사색을 통해 나는 내가 어떻게 살아갈지에 대한 나만의 답을 찾는다. 그 답은 항상 나의 마음속에 있었고, 나는 그 답을 믿고 살아간다. 사색은 결코 끝이 없는 일기장처럼, 나의 성장과 변화가 담긴 페이지를 한 장씩 채워 나가는 일이다.

이렇게 나는 많은 사색을 가진 채로 20대를 보냈다. 나에게 있어서 20대의 사색은 단순한 생각의 나열이 아니라, 내면의 기록과 성장. 그리고 나만의 작은 일기장이었다. 그리고 그 일기장은 계속해서 써 내려가고 싶다.

♡ Q ▽   🔖
▓▓▓ 그저 고마웠어.

오래된 갈등을 닦아줬던 네가
내 마음의 공허를 채워줬던 네가
나를 고요히 다독여준 네가

그저 내 모든 일을 다 할 수 없어도
이 마음만큼은 확실히 말할 수 있어.

"덕분에 내가 완전해졌어."

♡ Q ▽   🔖
▓▓▓ 사람들은 생각보다 영리하다.

연애나 예능 프로그램에서 보여지는
'다른 사람'에 대한 분석이 꽤 디테일하다.

마치 그 사람을 알고 있듯이
사람의 감정, 성격, 심리를
굉장히 디테일하게 파고들어 분석한다.

꽤 그럴싸하게
그것을 넘어 면밀하게.

♡ Q ▽   🔖
▓▓▓ 온전한 시간 속에서 살고싶다.

아무런 소용이 없는
사람의 웅등이 없는
그냥 그 순간 속에

불행했던 과거도
불확실한 미래도
모두 다 넣어두고

마음이 그저 그 자체로 존재할 수 있는
그렇게 살아가고 싶다.

♡ Q ▽   🔖
▓▓▓ 여유없이 출근하던 길에

아파트 밖 휠체어에 앉아
언제나 하늘을 바라보던 아저씨.

어떤 생각을 하고 있을까
그 시선을 따라가본 나는

따스히 날 바라보는 엄마처럼
파란 하늘이 나를 바라보더라

그때, 잠시 멈춰서며 생각했다.

나만의 일기장 中

에필로그

사실 이 책을 쓰고 싶었던 이유는 명확하다.

'내가 살아가면서 내 삶을 곱씹어 본 적이 있나? 그리고 나에 대한 이야기를 나에게 남긴 적이 있나?' 이 물음에서 나의 버킷리스트가 작성되었고, 책을 쓰고 있는 지금, 많은 감정의 소용돌이가 몰아친다.

'그래, 그런 적도 있었지.
그렇게 괴로운 적도, 행복한 적도 있었지.'

다시금 '나'만의 드라마가 살아나는 순간이다.

나는 30대가 되면, 나에게 무엇을 선물해 줘야 될까 하는 고민에 잠긴 적이 있었다. 이토록 치열하게 20대를 보내 온 나에게, 어떤 큰 선물을 줄까 하는. 이제 이 책을 통해 내가 나에게 선물을 줄 시간이다. 이 책을 통해 길고 긴 20대라는 드라마를 써 준 나 자신이 사랑스럽고, 또 고생했다고 말해 주고 싶다. 그리고 인쇄된 나의 드라마를 다시금 읽어 보며, 나는 더 행복한 30대를 맞이하기 위해 노력할 것이다.

그리고 이 책과 함께 30살이 될 나에게 또다시 편지를 써 주려고 한다. 그리고 먼 훗날, 39살이 된 내가 다시 한 번 이 책을 열어 보며 행복한 40대를 준비했으면 좋겠다.

<20대의 마지막 편지>

이 책을 쓴다고 수고 많았어

그리고 20대를 벗어나게 된 걸 축하해.

누군가는 20대로 돌아가기 위해 과거를 보지만

너는 너의 과거를 되돌아보지 않아도

고개를 끄덕일 수 있을 거야.

왜냐하면 너는 후회가 없거든.

너는 그저 완벽하고 열심히 너만의

울타리를 지으며 살아왔고, 그 과정 덕분에

> 때로는 하늘을 올려다볼 수 있는 여유와
> 누군가를 마음껏 사랑할 수 있는 여유를
> 가질 수 있게 되었어.
>
> 그저 완벽하고 열심히 20대를 보낸 수민아.
>
> 20대를 졸업하게 된 걸
> 진심으로 축하해.
>
> - 2024. 12. 31. 수민이 수민에게 -

지금의 '나'는 그런 경험들이 만들어 놓은 결과물이다.

  그때의 선택들, 그때의 열정, 그때의 끈질긴 노력들이 지금의 나를 만든 것이다. 내가 20대에 무엇을 했는지, 내가 그 시절에 어떻게 시간을 썼는지는 중요하지 않다. 정말 중요한 것은 내가 그때 무엇을 배우고 어떤 자세로 살아왔는지가 중요한 것이다. 나는 그 시절에 후회 없이 일했고, 그래서 지금도 그때의 나에게 아무런 미련이 없다. 내가 그때 그 나이에 했던 일들이 내게 쌓여 지금의 내가 되었다는 사실이 만족스럽다.

내가 지금 쓰고 있는 이 책은 나뿐만이 아닌, 언젠가 태어날 나의 자녀에게도, 그리고 자녀의 자녀에게까지 보여 주며 말해 주고 싶다.

이렇게 수많은 감정을 가지고 생각이 많은 채 살아가도, 그건 이상한 게 아니라 성장하는 과정인 거라고. 그렇기 때문에 영민하게 삶을 살아갈 수 있는 거라고. 내 자신이 때로는 불행한 사람이라는 생각이 들어도, 이렇게 여유를 가지며 책도 쓸 수 있고 내가 생각한 걸 마음껏 추진할 수 있는, 나는 그런 멋진 사람이라고.

대다수의 사람들이 '20대'라는 시절로 돌아가고 싶어 하지만, 나는 그렇지 않다. 20대는 나에게 있어서 누구보다 치열했고, 누구보다 열심히 살았으며, 낭비하지 않는 시간이었기 때문이다.

그때의 나는 내가 되기 위한 준비 과정이었다면, 지금의 나는 이미 내가 되어 가고 있다. 그래서 나는 후회가 없으며, 그것이 '나'라는 사람의 자부심이다.

그래서 나는, 이 책을 보고 있는 당신에게도 묻고 싶다.

"20대로 돌아가겠는가?"

과거는 이미 지나갔고, 미래는 아직 오지 않았다.
당신이 지나온 시간들은 그 시간이 모두 헛되든 헛되지 않았든, 모두 지금의 '나'를 만드는 과정이었을 것이며, 바로 중요한 건 '지금부터'이다.

그래서 나는 20대로 돌아가지 않겠다.